AF339789

GLOIRE A MARIE

PROTECTRICE DE LA FRANCE

HOMMAGE

AUX PÈLERINS DE LOURDES, DE LA SALETTE,

DE NOTRE-DAME-DES-VICTOIRES, ETC.

Religion et Patrie.

MEAUX

A. COCHET, IMPRIMEUR-LIBRAIRE DE L'ÉVÊCHÉ

16, place Saint-Étienne, 16.

—

1872

GLOIRE A MARIE

PROTECTRICE DE LA FRANCE

AVANT-PROPOS

Esbly (Seine-et-Marne), 23 septembre 1872.

Tous les catholiques sont affligés des vociférations de la presse anti-religieuse contre les pèlerinages; il est grand temps d'en faire justice; et j'ose l'essayer selon la mesure de mes forces. J'adresse avant tout de vifs remercîments à tous les écrivains qui ont dit des pèlerinages des paroles sensées et bien senties. J'ai eu du plaisir à les lire et je marche à leur suite, sinon avec le même talent, du moins avec la même foi, le même amour de la patrie.

Un incroyant, honnête citoyen d'ailleurs, me disait naguère : « Vous ne croyez pas aux pèlerinages! » Voici ma réponse. J'aurais voulu la faire plus complète et plus soignée; mais le temps me pressait. Je désire présenter ce livre aux pèlerins, ne fût-ce que pour échanger une parole cordiale avec ces pieux catholiques, mes frères dans la foi, si j'ai le regret de ne pouvoir les suivre à Lourdes.

Je désire aussi que ce grand mouvement religieux se continue et s'étende; il nous aiderait à former un parti compacte et national, le parti de l'ordre et du respect de tous les droits. Les catholiques donneraient l'impulsion et marcheraient à la tête, appelant à eux tous les honnêtes gens sans distinction de croyance. Le plus pressé est de sauver la France des menaces de

la démagogie ; les catholiques suffiront à défendre la
vraie foi, et tous les bons citoyens s'uniraient à eux pour
combattre les ennemis du dedans, et plus tard ceux du
dehors. Voilà l'œuvre dont j'aurais la noble ambition
d'être l'apôtre.

Il est fort possible que des outrages attendent les
pélerins sur la route ; comme à Grenoble, les libres
penseurs de mauvais lieux opposeront le blasphème aux
prières ; ce sera sans doute avec la permission tacite de
M. le maire, car il ne voudra pas gêner la conscience
ni la libre expression des sentiments de ces dignes
électeurs qui l'ont honoré de leurs suffrages.

Le catholique ne craint pas, et l'on verra une fois
de plus que *les fils des croisés ne reculent pas devant
les fils de Voltaire. Fils des croisés*, vraiment, car les
pélerins de Lourdes, de la Salette et autres sanctuaires
vénérés, sont les descendants, par la foi, de ces pieux
chrétiens qui portaient aux lieux saints le bourdon et
l'épée. Ils ont sauvé l'Europe de la barbarie et l'impiété en rappellerait les jours lugubres. Non, le catholique ne reculera pas ; il sait que la persécution est
le gage des grâces, que l'outrage venu de certaines
gens est une gloire.

Il m'est doux de rendre ici un hommage mérité aux
personnes si recommandables qui ont pris l'initiative
de ce mouvement religieux et patriotique. Elles ont
donné un grand exemple, un grand encouragement aux
faibles ; elles ont accompli une de ces œuvres que
Dieu bénit de ses grâces les plus signalées ; leur
récompense est dans l'approbation des fidèles comme
dans leur empressement à se rendre à l'appel, et dans la
douce satisfaction d'une bonne œuvre réussie, et aussi
dans la colère de la presse anarchique. Oui, dans cette
colère, car comme le dit si bien la *Semaine religieuse*
de Meaux :

« Ces imposantes professions de foi sont un sujet

d'inquiétude pour la tourbe des libres penseurs. Ils craignent que l'influence de ces démonstrations universelles ne paralyse les résultats qu'ils attendent de leur zèle démocratique. Et en effet, si le peuple vient à préférer la psalmodie des chants religieux aux hurlements de la *Marseillaise;* s'il embrasse les doctrines chrétiennes qui lui apprennent ses devoirs, et s'il refuse d'entendre les déclamations des hommes qui, évidemment, ne l'ont pas toujours conduit dans la meilleure voie, où trouvera-t-on des dupes à engager dans la rue le jour de l'émeute ? »

Je n'ai pu résister au plaisir de citer des paroles si vraies, la *Semaine* me le pardonnera.

Trois faits expliquent nos malheurs et stimulent le zèle des chrétiens. Ces faits si connus se passent d'un long développement.

PREMIER FAIT.

La France est révolutionnaire, parce qu'elle est incrédule et impie; or, l'impiété fait sa décadence. Depuis un grand siècle, on a mis une satanique persévérance à la pervertir. Le mal, confiné d'abord dans certaines classes de la société, est descendu dans le peuple et a gagné le corps entier. Je crains que la Révolution n'ait pas dit son dernier mot, car, selon la pensée de Donoso Cortez, on ne ramène pas à la foi tout un peuple qui l'a volontairement perdue. Si la France ne sent pas ce mal presque incurable, c'est que la gangrène est l'apaisement des douleurs, mais c'est la mort.

Louis XVI au temple, voyant sur les rayons d'une bibliothèque les œuvres de Voltaire et de Rousseau, disait tristement au fidèle Cléry : *Ces deux hommes ont perdu la France; ces deux hommes* sont bien dépassés aujourd'hui, c'est presque la presse entière qui s'est mise à l'œuvre; elle s'est faite impie, immorale et partant corruptrice; elle s'est abattue sur le peuple comme des oiseaux de proie sur un cadavre, pour en ronger les plus nobles sentiments, en lui ravissant la foi chrétienne. Nos derniers malheurs n'ont ouvert les yeux à personne. Ils ont été comme le premier coup de tonnerre de la Providence, et la France ne l'a pas entendu. C'était un avertissement; un second coup serait peut-être le châtiment. La France n'a pas vu le doigt de Dieu! Est-elle donc morte! Hélas, elle est impie et s'en fait gloire.

SECOND FAIT.

Un abîme appelle un autre abîme, et la France ne respire plus que haine de la religion véritable. Toutes les sectes lui sont indifférentes, elle ne les craint pas, et s'en accommoderait fort, mais dans la religion catholique elle ne voit plus que l'*infâme à écraser*, et dans ses ministres de *bonnes têtes d'ôtages*. D'où vient cette haine? Avez-vous trouvé quelques nouveaux arguments, des faits et des preuves que n'ont pas connus vos devanciers? au contraire. L'Eglise victorieuse dans la discussion sur toute la ligne, supérieure aux persécutions, se montre indestructible dans sa faiblesse apparente; vous êtes à bout d'arguments et ne prenez plus la peine d'en chercher. Il ne vous reste plus que la persécution, et en attendant qu'il vous soit libre de l'exercer, vous en êtes réduit à l'injure, à la haine, cette dernière ressource de qui n'en a pas d'autre. Un paysan de l'Attique ne connaissait pas Aristide, cependant il en vota l'exil, parce qu'il était fatigué de l'entendre partout appeler le Juste. Voilà l'impie, et plus coupable encore, il ne veut pas connaître ce qu'il hait. La prophétie doit s'accomplir : ils m'ont haï sans motifs.

TROISIÈME FAIT.

Ce troisième fait est la conséquence des deux premiers, car le mal a son enchaînement, comme l'erreur a sa logique. L'impiété, détestant la vérité religieuse, en arrive à détester la vérité morale, la vérité philosophique, qui sont aussi des vérités religieuses ; la France n'aime pas ces vérités ; étonnez-vous qu'on la repaisse de mensonges. Repoussant toute vérité morale, elle repousse également la notion du juste et de l'injuste, qui est fondée sur la vérité tant morale que religieuse ; mais la notion du juste et de l'injuste c'est le droit, et l'impiété en vient là, elle déteste le droit. La liberté demande des vertus et des mœurs, celles-ci sont fondées sur la vérité et le droit ; on repousse les vertus et les mœurs, et partant, la liberté qu'elles conservent. Il est prouvé par les faits que l'impiété déteste la vérité, droit et liberté ; mais ceci c'est le dernier degré de la corruption et l'impiété y arrive, puisqu'elle est la négation de tout ce qui est le vrai, de tout ce qui est le bien, de tout ce qui est le beau. Un peuple corrompu n'aime que la licence et se prépare l'esclavage : il sera bien vite la proie du premier despote qui voudra l'asservir.

Que l'on ne me cite pas les impies vertueux, honnêtes ; toute corruption n'est pas toujours visible. Ces hommes vertueux sont inconséquents avec eux-mêmes ; mais on ne l'est pas toujours dans la vie, et il arrive trop souvent de ces mauvais jours où l'absence de principes laisse sans défense devant l'assaut des passions. Et alors que devient cette vertu si vantée ?

Bien plus, un peuple corrompu est sans défense devant l'ennemi de la patrie, et, pour continuer à l'aise une vie immorale, pactiserait plutôt avec lui qu'avec la religion ou les pouvoirs légitimes. La France doit le savoir, et doit aussi en gémir. Eh bien! montrons par les faits la conséquence dont nous venons d'établir les prémisses.

Ne cherchons pas ailleurs la cause de nos malheurs. Elle est toute là; les autres causes ne sont que l'occasion. L'Allemand a été vainqueur parce que, sous beaucoup de rapports, il vaut mieux que nous; il a gardé la foi; nous, au contraire, parce que nous sommes corrompus, nous étions énervés, abaissés et partant superbes; nous étions d'avance vaincus par nos vices comme les Romains de la décadence.

J'ai vu ces soldats bourgeois si connus par leur impiété; ils marchaient au combat dans un état d'ivresse qu'un de leurs journaux a glorifiée; ils hurlaient bien fort, dans la rue ou l'estaminet, cette *Marseillaise*, qui, grâce à eux, est devenue l'hymne ironique de nos hontes; ils criaient : *marchons, marchons*, et ne savaient que marcher en arrière, jusqu'à démoraliser le gouverneur de Paris lui-même. Ah! nos pères ne chantaient pas tant en volant aux combats, ils faisaient mieux, ils priaient et savaient mourir. Ils n'auraient pas jeté le fusil pour s'armer de la torche incendiaire, ni substitué le pétrole à la poudre. Non, ceux qui ont donné cet ignoble spectacle n'aimaient pas la patrie, et lui ont été plus funestes que les Prussiens. Ils voulaient plutôt rendre nos forteresses à l'ennemi ou les faire sauter, c'est ainsi qu'ils auraient détruit ou rendu lâchement Vincennes, sans la noble et périlleuse résistance de son regrettable aumônier. Et dire qu'une ville de près de deux millions d'habitants s'est courbée sous leur joug pendant des mois entiers! Mais quelle énergie trouverez-vous dans les peuples corrompus? et ils le sont par les doctrines perverses que propagent leurs journaux.

Voilà ceux qui ont perdu la France et la perdraient

encore, si la prière des âmes pieuses ne fléchit la justice divine.

Cependant, j'ai hâte de le dire, dans cet abaissement de la nation, dans cet effondrement universel, l'esprit se reposait avec satisfaction sur ces hommes au mâle courage qui ont conservé le feu sacré du patriotisme ; Eh bien ! ils étaient tous des hommes pleins de foi, hommes aux fortes convictions. Prêtres, religieux, gentilshommes, soldats et mobiles, ils sont restés debout sur nos ruines, et forçant l'estime de l'ennemi, ils ont sauvé, non la fortune, mais l'honneur de la France. De si nobles âmes nous permettent d'espérer encore, quelle que soit la plaie qui nous dévore. Dites maintenant si, dans ces jours malheureux, la religion ne fût pas vengée de la haine, et vengée en faisant le bien ; elle nous donnait les seuls défenseurs de la France.

Nous avons cherché la cause de nos maux, cherchons où est le salut ; et cette considération nous ramènera bientôt à la question des pèlerinages.

Si nous descendons un instant dans cette région tumultueuse où s'agitent les intérêts de la terre, que nous y trouvons l'homme petit avec ses raisonnements humains ! Aveugles que nous sommes, nous cherchons le salut partout et ne le trouvons nulle part ; nous avons tout essayé, tout usé, et, sans trouver le bien, nous avons mis le salut dans les lois sur l'instruction, dans le commerce, dans l'industrie, dans la propriété ; que sais-je, et dans les *gros bataillons; Dieu est du côté des gros bataillons,* a dit un rêveur, à nous qui, avec des armées relativement inférieures, avions tenu l'Europe en respect et occupé ses capitales. Retournez la phrase et dites plutôt : La victoire est du côté où est le Dieu des armées, et nous lui tournons le dos. Nous sommes passionnés pour ou contre telle forme de gouvernement et ne savons pas que le meilleur des gouvernements, le seul durable, le seul possible, quelle qu'en soit la forme, c'est celui où gouvernants et gouvernés ont avec la foi la crainte de Dieu, quel qu'en soit le nom, hé ! que nous en sommes loin ; où le chef de la nation, roi, empereur ou président pourrait se nommer avec plus de vérité que dans l'islamisme *le commandeur des croyants ;* ou comme cet empereur Jovien qui remplaça Julien l'Apostat, refuserait de commander une nation de païens. C'est une nations d'apostats qu'il faudrait dire.

Nous avons rêvé la République, nous l'avons et pour la troisième fois, sommes-nous contents ? Non, au lieu de la République aux trois couleurs, nous voulons celle au drapeau rouge, ce drapeau qui, disait Lamartine, n'a fait que le *tour du Champ de Mars*, qui pour nous maintenant n'est qu'un chiffon signal des massacres et des incendies ; et si nous l'avions, il nous en faudrait bientôt un autre, le drapeau violet, puis le drapeau noir, etc. Mieux vaut mille fois le drapeau blanc, celui-ci représente au moins la fidélité et l'honneur monarchique, il s'est aussi glorieusement déployé sur les champs de bataille. Remarquez-le, je ne patronne aucune forme de gouvernement et j'accepte la forme présente; je dis seulement qu'avec un peuple corrompu, république ou monarchie, c'est tout un ; nous roulerons sans fin dans le même cercle, selon la pensée de Montesquieu, et nous passerions aveuglément d'une forme à l'autre sans être satisfaits, parce que le salut n'est pas là ; il est dans un plein retour à Dieu et à la religion. Sans cela, et je vous le prédis, chaque gouvernement de votre choix ne sera qu'une halte, je ne dis pas dans la boue, comme l'opposition le disait de la monarchie de juillet, mais à coup sûr une halte au bord du précipice.

Nous accusons de nos maux le gouvernement de l'empereur; certes je ne le justifie pas : les Napoléon nous ont coûté assez cher. Trois invasions pour vingt-huit années de règne, c'est par trop. Mais encore faut-il savoir être justes, ni l'un ni l'autre n'ont fait l'impiété de la France, ils l'ont trouvée toute faite. Ils l'ont exploitée largement, augmentée peut-être, ce fut leur crime. Ils ont méconnu leur mission et sont tombés. Dieu est juste. Oh ! Français, les vrais coupables de ces deux règnes, du dernier surtout, c'est nous-mêmes. Un peuple corrompu ne demande que du *pain et des spectacles*, l'empereur les a prodigués. Les Romains, comme nous, couraient aux cirques et l'ennemi était aux portes ; au lieu de le combattre, ils vociféraient : *Les chrétiens aux bêtes*, et les chrétiens auraient sauvé l'empire, s'il eût pu être sauvé, du moins ils lui ont survécu. Les Romains énervés se ruaient aux orgies, à la servitude jusqu'à dégoûter l'âme d'un Tibère. Et nous... oh qu'il avait raison Saadi, ce poète persan qui écrivait : *Si la peste donnait des pensions, la peste aurait des courtisans*. Et qu'un peuple d'impies est bientôt abaissé, et l'on peut le dire, avili.

La France se relèvera-t-elle jamais ? C'est le secret de Dieu ; mais certainement elle ne se relèvera que par les vertus et les fortes convictions, et la foi chrétienne seule peut retremper les âmes jusqu'au sein du malheur ; craignons, je veux le crier à la France entière, craignons de persévérer dans l'impiété et la corruption qu'elle engendre, ce serait préparer à notre patrie le sort de la Pologne. Oui, la Pologne fut moins coupable, son peuple a gardé la foi, et, pour la sainte cause de la patrie, elle a ses nombreux martyrs.

Je le dis en trois mots, la France incrédule déteste la religion et court à sa ruine. Oh ! qu'il n'arrive jamais ce jour néfaste où les nations siffleraient sur nos débris, se disant avec stupéfaction : *La grande Babylone est tombée*. Et je ne m'intéresserais pas à cette patriotique manifestation de nos pieux pélerins, allant au Sanctuaires de Marie, implorer sa protection sur la France !

Réglons maintenant le compte des journaux qui déclament contre les pèlerinages. Ce ne sera pas long. Je voudrais ne pas en parler, car c'est assez des observations précédentes, mais la presse est une puissance, elle forme l'opinion publique et trop souvent l'égare. Nous laisserons-nous bafouer sans mot dire, et croient-ils donc, ces Messieurs de la presse anti-chrétienne, que les catholiques n'ont pas aussi une plume pour savoir l'employer au service de la bonne cause?

Des journaux qui attaquent nos dévotions, les uns se disent les grands journaux et traitent la question sérieusement, usant, abusant des grands mots : *superstition, fanatisme, libertés publiques, progrès, etc.* Les autres, les bas journaux, j'ai eu le courage de les lire, versent le ridicule sur les pratiques du rite chrétien, ramassent on ne sait où des anecdotes qu'ils croient piquantes. Ils auront beau se les *faire écrire* de Lourdes; jusqu'à ce qn'ils aient fourni la preuve des faits qu'ils avancent, il suffit de leur infliger le démenti. Et quand ils glissent certaines insinuations graveleuses, l'homme qui se respecte se tait et passe outre : si votre ennemi est tombé dans la boue, vous êtes assez vengés. Honte à qui use de ces ignobles mensonges et malheur au peuple à qui on les débite et qui les accepte!

Il me sera permis d'abord d'opposer aux uns et aux autres une double *fin de non recevoir*. La première, c'est ce dicton de nos campagnes : *Les journaux sont menteurs;* la seconde, c'est que le journalisme est un métier, qu'on exerce le plus souvent sans conviction. Quand on respecte ses cheveux blancs, on n'affirme rien à la légère. Expliquons-nous donc.

Je cite la phrase de nos *ruraux* ; elle est dure, mais elle n'est pas de moi. Ces ruraux sont fondés à la dire. C'est sur la foi des journaux qu'ils ont fui à l'approche des Prussiens, qu'ils sont venus payer à grand prix les souffrances du siége et se repaître des bulletins mensongers de Gambetta ; et à leur retour, ils ont trouvé leurs habitations dévastées et celles de qui n'avait pas fui, intactes. De ce jour ils accusent les journaux de leur malheur.

J'ai dit ma seconde fin de non recevoir : et qui serait assez novice aujourd'hui pour ignorer que le journalisme est un métier, et un métier corrupteur? c'est une manufacture qui a son directeur, son gérant, ses ouvriers grands et petits, ses courtiers et surtout ses profits. Tout se résume en une question d'argent, tout se classe d'après le salaire, le but de ce commerce, c'est d'attirer les abonnés. Ne cherchez pas la conviction, elle n'est pas nécessaire; on marche sous un chef qui donne le mot d'ordre, arbore un drapeau et tout dans ce bureau doit en porter les couleurs. Dites-le, n'est-ce pas imposer à ses aides une sorte de livrée? L'écrivain avait une mission sainte et grande, faire descendre la vérité dans les masses, et leur inspirer l'amour du bien. De cette mission il a fait litière et l'a foulée aux pieds en vendant sa plume au plus offrant. Au lieu d'élever le peuple à soi, il descend jusqu'à lui. Peuple et auteur se corrompent l'un par l'autre. Il n'est pas question de la vérité dans ses pages, elle n'y brille que par son absence ; quand il devrait travailler à la régénération de la France, pour de l'argent, il en avance la corruption. Oh ! ils sont grandement coupables ! Et le grand nombre en est là. Pauvre France, tu es trop bien servie selon tes goûts.

Cette condamnation n'est pas générale, sans doute; il y a d'honorables exceptions, et je suis heureux d'en convenir; des écrivains raisonnables, modérés et pleins de bonne foi, ils sont des nôtres par l'honnêteté des principes et la sincérité des convictions; s'ils sont parfois égarés et n'ont pas compris la haute portée de notre mouvement religieux, on peut les plaindre et leur tendre encore une main amie ; les lumières de la foi ne les éclaire pas encore, ils en sont dignes cependant par leur droiture. Par malheur, c'est le petit nombre.

Mais ce que l'on ne saurait assez flétrir, c'est cette tourbe qui grouille dans les bas-fonds de la presse, qui a son verdict favorable préparé d'avance à tous les essais de désordres et aux discours incendiaires, n'ayant qu'un seul regret, c'est que les paroles ne se traduisent pas sitôt dans les actes. Ces discours sinistres qui font frissonner, elle les recueille et les étale avec complaisance pour en infiltrer le sens dans l'âme du peuple. C'est à nous qu'elle réserve son blâme et ses invectives, et l'un de ses lettrés le disait assez haut : *La République*, celle qu'ils voudraient pratiquer, *c'est la mort de l'Eglise*, et cette Eglise qui ne veut pas mourir, qui s'affirme d'une manière imposante, qui prétend exercer au grand jour les droits que lui reconnaît une légalité assez étroite ! Oh ! contre une telle prétention, il n'y aura jamais assez de colère, jamais assez de menaces.

Menaces ! ai-je trop dit ? Quand on nous avertit que le peuple fera dix révolutions plutôt que de souffrir, quoi donc ? Que les catholiques aillent ensemble prier où bon leur semble. Dix révolutions ! Ce n'est pas trop contre des gens qui prient et pour la France encore. Dix révolutions ! Etes-vous bien sûrs d'avoir le temps de les compter, de ne pas être emportés à la première ? c'est un ogre qui dévore ses enfants. Dix révolutions ! ce langage est-il d'un bon citoyen, et la France est-elle d'un tempérament à les supporter ? Qu'importe, périsse la France plutôt que de voir des Français en prières ! C'est *un joug* crient-ils. Eh messieurs, à qui l'imposons-nous ? C'est une religion *mal comprise* ; sans doute, nous la comprenons autrement que les protestants qui rédigent la feuille. Qu'aujourd'hui ils préfèrent publier les encycliques ou épithalames de Hyacinthe Loison, cet astre qui a filé ; ils étaient mieux inspirés en

1838, quand ils nous citaient les paroles suivantes d'un homme qui n'a pas toujours été juste envers nous, de M. Guizot, *supplément au numéro* 3,215. *Temps.* « Quel est le mal qui travaille le plus notre société temporelle, c'est l'affaiblissement de l'autorité... Le catholicisme a l'esprit d'autorité... Le catholicisme, la plus grande, la plus sainte école de respect qu'ait jamais vu le monde, la France s'est formée à cette école... Nous en avons grand besoin. » C'était bon alors, mais en 1872... Eh quoi, dans cette époque de crise, de folies et de malheurs, nous n'aurions plus besoin de cette religion qui sauvegarde l'autorité ! Mais auriez-vous donc deux poids et deux mesures, et cette versatilité serait-elle le progrès des idées ?

Remarquons-le, les adversaires que nous combattons, restant dans les hauteurs du sujet, y ont mis quelque convenance de bon goût dont nous leur savons gré; ils ont gardé de la mesure jusque dans la partialité ; ils défendent comme nous la liberté, les droits des citoyens et l'ordre ; si donc nous en sommes le soutien, comme le disait M. Guizot, nous attaquer est une inconséquence. Mais que penser de ces écrivains de bas journal qui, par des anecdotes de tripot et autres moyens indignes, nous jettent l'outrage, réservant leurs palmes pour tout ce qui est danger pour l'ordre social ? Ce sont de mauvais citoyens ! Ceux-ci nous dévouent aux gémonies; pourquoi, Messieurs ? Parce que nous n'allons pas à vos clubs, à vos banquets, sur vos barricades ; vous le savez bien, et s'il en était autrement vous en seriez surpris des premiers. En revanche, nous aimons à répandre des bienfaits. Oui, Messieurs, visiter vos prisonniers, soigner vos malades, instruire vos enfants, améliorer vos ouvriers, défendre la patrie, voilà nos œuvres, dites maintenant les vôtres : cherchez nos crimes et, comme Tertullien, j'ose vous défier de nous en trouver. Nous sommes un obstacle, je le sais bien,

et à ces complots qui ne se traînent déjà plus dans
l'ombre et à ce pouvoir que vous convoitez. Nous
sommes encore un reproche et de votre incrédulité et
de votre mépris de tous les droits. Et comme les méchants flétris dans nos saints livres, vous voulez faire
périr le juste parce *qu'il vous est contraire.*

Eh bien, nous, que vous détestez, nous respectons
les droits de tous et n'en déplorons que l'abus. Ecou-
tez, les faits parlent assez haut.

Pour la centième fois, au moins, les Protestants
formés en Synode cherchaient à réunir les tronçons
épars de leur corps qui se dissout ; vous chantiez victoire, opposant cette assemblée au Concile du Vatican,
vous attendiez un effet immense, car déjà se forgeaient
les foudres qui allaient tuer le catholicisme. Hélas !
c'était la montagne en travail, du fabuliste. Que faisait
le catholique ? Il savait d'avance le résultat certain de
cet effort, mais il a respecté le droit du protestant à se
réunir.

Je vous dirai plus encore, Messieurs, et permettez-
moi une courte digression. Les catholiques plaignent
ces pauvres pasteurs de la réforme, qui se consument
en efforts inutiles pour formuler des symboles, consti-
tuer l'unité, établir une concorde, et tout se perd dans
le vide.

Et les malins en Allemagne appelèrent déjà une telle
concorde ; une discordance, *concordiæ discors.* Le Protestantisme s'est frappé à mort de ses propres mains
en posant, pour justifier sa révolte contre l'Eglise, ce
principe du libre examen, qui soumet la foi révélée à
la raison individuelle. Bossuet l'annonçait déjà ;
comme celui qu'entraîne la violence d'un courant, les
logiciens conséquents sont poussés par la force de leur
principe aux dernières limites de l'erreur, à la négation absolue. Les croyants s'efforcent de se maintenir
contre le courant, ils veulent au moins garder quel

ques vérités, tôt ou tard ils seront entraînés ; ils sont simplement inconséquents. Un homme emporté sur une pente rapide veut se retenir aux arbustes ; ils lui restent à la main, et il roule plus bas ; ce sera leur sort. Ouvrez une tombe et voyez : tout remue, tout fourmille. Ce sont des vers ; le corps gît immobile et se décompose, voilà le Protestantisme ! Le corps est mort, les individus seuls vivent.

Il avait gardé la Bible, mais chaque jour en déchirait un feuillet ; il n'est plus resté que la couverture, il l'a jetée au loin. C'est l'idée de Lessing. Rousseau a dit : « Chaque protestant est Pape, une Bible à la main, j'entends. » Et quand il n'a plus rien dans la main, que devient-il ? Voilà ce que sait le catholique, aussi ne s'émeut-il guère de ces synodes ; assemblez-en, Messieurs tant qu'il vous plaira, ce ne sera qu'une preuve de plus ajoutée à tant d'autres : *Qu'un congrès n'est qu'une réunion pour constater l'impuissance.* C'est M. d'Estourmel qui l'écrit.

Les catholiques ont vu ces grèves qui jettent l'effroi au sein des populations paisibles. La question de salaire n'est qu'un prétexte, on le sait assez. Au fond de chaque grève, il n'est pas si difficile de reconnaître la main de l'Internationale, l'argent des comités provocateurs. Que font les catholiques ? Ils plaignent l'ouvrier égaré, cherchent à l'éclairer sur ses vrais intérêts, à le rendre meilleur afin qu'il soit plus heureux. Et si le succès ne répond pas à ces louables efforts, à qui la faute ? sinon aux doctrines que vous propagez, doctrines qui fomentent tous les vices.

Les catholiques ont vu vos banquets et savent quelles homélies on y applaudit, sous l'action du vin, peut-être. On y conspire comme la plus précieuse des libertés, celle d'élever ses enfants ; on y vote l'amnistie des assassins, afin d'avoir une armée pour l'émeute ; on y applaudit à l'emprunt, afin de s'emparer de la caisse et d'organiser une seconde fois nos défaites ; on y glorifie les saturnales de la Révolution, et l'on sait bien pourquoi ; on y voue à la haine tout ce qui fait le bien au nom de la Religion. Les catholiques déplorent ces excès, ils se voient menacés, et cependant respectent le droit qu'ont les citoyens de se rendre aux banquets.

Dans les cités du Midi, les plus vaillants soldats de l'armée de la Loire, illustrés déjà sur les rives du Tibre, se sont vus insultés et assaillis de pierres. Et vous savez comment les pélerins sont reçus à Grenoble. Oh ! si l'on eût traité de même quelqu'un des vôtres ? Ce ne serait pas votre faute si la France n'était en feu pour les venger ! Et les pélerins ? Ils ont pieusement accompli leur œuvre, gardant ce calme et cette dignité qui vous désespère.

Les catholiques, enfin, ont vu vos congrès de l'Internationale et savent quelles horreurs ont cours dans ce Pandémonium. Ainsi Milton nous peint les démons conspirant la perte de la race humaine. Tout a fini par la confusion et le ridicule, cela devait être, car il y a des séjours maudits où ne règne aucun ordre, qu'habite une confusion éternelle. Il y avait là une terrible menace, un danger imminent. Eh bien, en quoi les catholiques ont-ils gêné la libre expression des sentiments les plus condamnables ? Garibaldi, ce premier des *fous furieux*, puisque le second est en France, s'évertuait à Genève plus qu'un énergumène et sonnait le tocsin contre la Papauté. Est-ce la faute des catholiques s'il s'est couvert de ridicule, chassé par le gouvernement central ? ils étaient indignés, certes, on le serait à moins, mais ils furent contenus par la sagesse de leur évêque, ce prélat, que la persécution glorifie aujourd'hui plus que ses rares talents et son éloquence. Ah ! si les catholiques agissaient comme vous le faites vous dépasseriez encore les horreurs de 93 ou celles de la Commune, vous amnistiez le mal et nous haïssez.

Attaqué dans sa foi, sa conscience et sa liberté, le catholique ne sort pas de la légalité et veut maintenir le droit qu'il a de prier, même en public. Et d'où lui vient sa force? Du ciel! Messieurs. Dieu le soutient parce qu'il prie, et vous ne l'empêcherez pas de prier, de prier publiquement et pour notre vénéré Pie IX, et pour la France, et même pour vous ; car c'est le précepte du Maître : « Priez pour ceux qui vous persécutent et vous calomnient. »

Les hommes qui prient vous font-ils peur? Je ne le pense pas, mais vous êtes furieux de voir encore pleine de vie et d'avenir cette Religion que vous avez juré d'anéantir ; et ces démonstrations vous tourmentent comme l'exorcisme tourmente le possédé ! Tenez, on se prendrait à rire si ce n'était si triste.

J'en étais là de mon travail quand on vient me dire que les journaux italiens s'en mêlent aussi. Il ne manquait plus que ça! Je n'ai pas constaté le fait, il est possible, toutefois. L'Italien nous a, depuis quelques années, habitué à tant de choses! Si le fait est vrai et qu'il en vaille la peine, nous y reviendrons.

En attendant, il nous reste à présenter directement la question des pèlerinages, d'abord à l'incrédule, puis au catholique timide ou peu éclairé.

Il est pénible d'avoir à repousser de misérables chicanes ; cela est nécessaire cependant : puisque le peuple les accueille, il est bon qu'il sache qu'on peut y répondre. Et ce ne paraît pas fort difficile.

C'est, en vérité, un singulier peuple que le peuple français : un composé surprenant de crédulité et de scepticisme, d'inconstance et de ténacité. On ne peut lui refuser beaucoup d'esprit, l'esprit de pointes, surtout ; mais il n'est pas au même degré doué de jugement. Il ne croit pas à l'Évangile et accepte comme articles de foi des mensonges souvent fort grossiers, mais exprimés en termes sonores ; il est ébloui par de grands mots dont il ne cherche guère à comprendre le sens véritable, et se laisse conduire par le premier venu, orateur de clubs, comme le troupeau suit le pasteur.

Il rejette Jésus-Christ et se fait des idoles qu'il élève aujourd'hui pour les renverser demain. Il repousse le surnaturel et court après le merveilleux, le spiritisme, les devineresses. Il est séduit par les ambitieux qui l'agitent, et se laisse mener par des flatteurs ; or, la pire espèce de flatteurs, selon la pensée de Bossuet, ce sont les flatteurs des peuples. Non, ce ne serait pas trop d'un autre Aristophane pour nous peindre les travers, les bizarreries et les ridicules de ce nouveau Dêmos, trompé, adulé et gâté par les parasites plus encore que le Dêmos ancien, le peuple d'Athènes. Mais cela ne prête pas à rire, car c'est le châtiment fatal d'un peuple qui n'a plus de foi ni politique ni religieuse, et le Sauveur l'avait annoncé en prédisant ces faux Messies qui séduiraient le peuple et l'entraîneraient à sa perte.

Donnons quelques exemples.

Ils crient à la superstition ! mais avant tout, Messieurs, dites-nous, qu'est-ce que la superstition ? Un enfant, son Catéchisme à la main, pourrait vous l'apprendre, et vous ne le savez même pas. Pour vous, la superstition, c'est... la superstition, et rien de plus. Je vais vous le dire : c'est le rempart derrière lequel vous abritez votre incrédulité ; c'est ce que vous ne voulez ni croire ni pratiquer ; c'est un mot à grand effet que vous jetez au peuple pour lui souffler dans son âme la haine de la religion.

Vous plaisantez des miracles de Lourdes et autres. Messsieurs, il y a bien longtemps que la question des miracles est vidée, et l'incrédulité réduite au silence ou à ses négations obstinées. Qu'est-ce qu'un miracle, et à quels signes se reconnaît-il ? Qu'est-ce qui distingue un miracle du prodige? Quels sont les motifs qui en établissent la certitude? Eh quoi! vous ne le saviez pas et vous en parlez? Ou pour répondre, vous êtes réduit à venir feuilleter en nos livres. Ah! il vous est plus facile de plaisanter que d'étudier. Lorsque des miracles se présentent appuyés d'autorités respectables, en s'opérant presque sous vos yeux, si vous aimiez la vérité, si vous aimiez la vraie science, il y aurait là pour vous le sujet d'un examen sérieux. Il vous convient mieux d'accabler ces faits de votre dédain, de les ensevelir dans l'oubli par la conspiraration du silence. Malgré vous, Messieurs, le surnaturel vous presse de toutes parts, et vous ne le tuerez pas; il est inscrit dans notre histoire de Clovis et sainte Geneviève jusqu'à Jeanne d'Arc; il se fera jour malgré vous, et Dieu ne se laissera pas mettre, par ses créatures, à la porte de la société qui est son ouvrage aussi bien que le monde.

Vous avez osé parler de la caisse que remplissent les pèlerinages. Ah! Messieurs, si je n'étais généreux, que vous me donneriez la partie belle! Vous écrivez donc gratis, OU POUR LE ROI DE PRUSSE..... Pardon, c'est le peuple qui le dit. Et vous faites toujours de vos gains un usage que la morale puisse avouer; vous adorez, sans doute, un autre dieu que le veau d'or? Laissons cela. Vous criez à la religion de l'argent! Eh! Messieurs, fondez, comme fait l'Eglise, avec la charité des fidèles et le peu de ressources qui lui restent, fondez-nous des institutions charitables, sans parler de toutes les œuvres de l'Eglise, couvrez-en le sol de la France, ayez dans vos rangs un saint Vincent-de-Paul, et nous vous écouterons.

Voici qui est plus grave : ils accusent les pélerins de faire une démonstration monarchique. Je l'ai lu dans vos feuilles et non dans les nôtres; aussi, je n'en sais rien. Mais ce que je sais bien, c'est que de votre part c'est un moyen magique d'enflammer la plèbe républicaine contre les pèlerinages. Ils connaissent si bien les choses d'église dont ils parlent, qu'ils prennent pour le drapeau blanc les blanches bannières de Marie, et pour le lys de la royauté ces lys que la piété de nos pères donnait aux saints comme emblème de l'innocence. Que ne brisez-vous les statues de saint Joseph, de saint Louis de Gonzague, de saint Antoine de Padoue et autres saints? Ils portent aussi les lys, donc ce sont des conspirateurs. Si vous rencontrez les jeunes filles admises à la table sainte pour la première fois, vous prendrez aussi leurs voiles blancs pour un drapeau !

Ce n'est pas de notre côté, messieurs, que s'ourdissent les conspirations. Le catholique obéit aux lois de son pays et ne repoussera jamais qu'un seul gouvernement : ce sera le vôtre.

Vous ne craignez pas, — style adouci, — les rassemblements dans la rue; le rassemblement des pèlerins vous offusque. Vous ne dites rien des trains de plaisir, qui ne sont pas toujours une cause d'édification; mais un train de pèlerins ! Messieurs, nous ne sommes plus au temps où les seigneurs vendaient leurs terres pour aller aux croisades; dans ces années de calamité, le *prix réduit,* c'est quelque chose, et les compagnies demandent un certain nombre de pèlerins pour réduire les prix. Obtenez qu'à chaque départ il y ait pour le pèlerinage ne fût-ce qu'un wagon à *prix réduit* : il n'y aura plus rassemblement, mais, en revanche, le sanctuaire de Lourdes ne désemplira pas.

Et les Arabes, à qui nous sacrifions presque notre belle colonie d'Alger, qu'on nous interdirait d'évangéliser, et qui, malgré tout, ne nous aiment guère, n'est-ce pas à nos dépens et par nos soins qu'ils font ce pèlerinage de la Mecque, où ils vont pratiquer des superstitions et réchauffer leur fanatisme contre nous ? Ils en rapportent le choléra, et vous ne dites rien. Ils vont, à nos frais, apprendre à nous haïr, s'exciter à nous faire la guerre, ils nous communiquent la contagion ; mais ne sont pas des chrétiens. Ce tout est pardonné ! Quels Français êtes-vous donc ? Le choléra plutôt qu'un pèlerinage chrétien ! Ici, l'iniquité s'est mentie à elle-même. Tenez, messieurs, je sais bien ce qu'il faudrait vous dire, et vous ne trouveriez plus innocent le pèlerinage de ces bons musulmans : c'est qu'à la pierre noire de la Kaabah il s'attache certaine tradition qui prouve que les enfants d'Ismaël ont conservé bien vif le souvenir d'Abraham, son père, et de son sacrifice, et que, partant, le récit de la Genèse est véridique ; bien que, à vrai dire, on ne voie nulle part qu'Abraham ait mis le pied en Arabie ; il n'avait pas tant à se féliciter de ses voyages, quoi qu'en ait conté votre patriarche Voltaire. Cependant, la tradition est là et prouve que Moïse a dit la vérité. Oh ! pour ce coup, j'oserais gager que vous ne serez plus si favorables aux pèlerinages de la Mecque et serez assez habiles pour y découvrir certains inconvénients.

Grâce à Dieu, j'en ai fini avec le journalisme haut et bas, quitte à y revenir, s'il le faut. Je conclus, messieurs, par ce mot de Mirabeau. Il vous connaissait bien, il était des vôtres et vous a peint d'un trait : « *Ils veulent être libres et ne savent pas être justes !* » Soyez au moins sincères ; dites que vous nous haïssez et que tout est bon pour nous perdre. Oh ! la haine ! elle ne raisonne guère. Mais, prenez garde ! vous jouez un jeu terrible, car *on ne démoralise pas impunément une nation !*

Parlons maintenant aux chrétiens, mes frères dans la foi, s'il en est que l'on doive éclairer sur le but et la portée de ces grandes manifestations. Ici, ma tâche devient plus facile et plus agréable, puisque je parle à des croyants. Je ne prétends rien ajouter aux paroles de nos évêques; ils ont l'autorité, la science et la mission que je n'ai pas. Je me borne donc à quelques considérations, qui auront le mérite de l'actualité.

On dit : « Ces manifestations excitent la colère de nos ennemis; il serait prudent de s'en abstenir. » Ce raisonnement est-il celui d'un chrétien? Où nous conduirait-il? Tout, dans la religion, excite cette colère ; il faudrait y renoncer. Notre présence l'excite aussi ; nous devrons nous cacher. En un mot, cela signifie : ne rien faire, afin de ne rien craindre. Mais la haine des impies, leurs persécutions, sont précisément le cachet de l'œuvre de Dieu, l'accomplissement des prophéties, une preuve de la divinité de la religion, puisqu'elle subsiste quand même. Où en serions-nous si les Apôtres avaient raisonné de la sorte, eux qui affrontaient la colère du monde entier? Eh! sommes-nous donc arrivés à ce point de mendier si bassement la permission d'exister et de prier, quand le courage des martyrs triompha du monde païen !

Ces pratiques ne sont pas nécessaires. Et si elles sont très-utiles n'est-ce pas assez? Or elles le sont. Et n'est-ce pas une grande prédication que le spectacle d'un si grand nombre de personnes venues de loin pour prier, de chrétiens recueillis, réunis au pied du même autel dans un même sentiment de foi et de piété? Chacun s'y sent animé de la ferveur de tous; les juifs l'éprouvaient dans leurs grandes solennités, quand toute la nation était réunie dans le temple; voilà ce qui excitait les transports du psalmiste. Ces réunions sont la joie des fidèles, un repos à leurs peines; elles sont une grande espérance.

Ne peut-on pas prier dans sa paroisse? Oui, on le peut et même on le doit; car les pèlerinages servirait de peu, si d'ailleurs on négligeait les devoirs d'un chrétien. Ils le font peut-être, ceux à qui je réponds, mais je ne le crois pas des pélerins de Lourdes; tous en reviendront émus et plus fervents. Ils n'en rapporteraient qu'un plus grand amour de la prière, que ce serait tout gagner, car si nous périssons, c'est par défaut de prière. Et si, comme nous le croyons, la sainte Vierge a daigné apparaître, c'est pour nous faire recommander, par des bouches innocentes et sincères, de redoubler nos supplications.

Dieu écoute nos prières en tous lieux, à tous les moments. Oui, mais ne savons-nous pas aussi qu'il se plaît à se montrer plus favorable en quelques localités privilégiées? Et de là tant de sanctuaires dans le monde catholique.

On aurait pu offrir des sacrifices dans tout l'univers, et cependant Dieu n'en voulut recevoir qu'en un seul temple. Tel est l'homme. Il a besoin d'un signe extérieur pour fixer son attention et raviver ses sentiments. Or, ici, tout aide à ranimer la foi, la confiance, la piété et même le courage; tout devient une édification pour tous. La grâce descend plus abondante, et qui pourrait y résister? Devant ces manifestations qui sont une amende honorable au nom de la France, une réparation des outrages faits à la Religion et des blasphèmes qui crient devant le Seigneur, une nouvelle consécration de notre patrie à Dieu, se trouverait-il une âme qui restât froide, un chrétien qui ne prît l'engagement de suivre à l'avenir la meilleure voie? Non cela n'est pas possible, surtout en ces lieux où le souvenir de Marie est si vif, qu'elle a sanctifiés par sa présence.

Ici encore, les chrétiens pourront se compter; ils se verront en assez grand nombre pour relever la tête, se promettre de faire respecter leurs voix dans les conseils de la nation et défendre, en marchant de concert contre l'iniquité menaçante, les deux saintes causes, si chères à tout cœur français, la religion et la patrie.

Ah! l'enfer le sait bien, c'est pourquoi il rugit par ses suppôts. Et ce qui rend ici la prière plus puissante, c'est d'abord parce qu'elle s'unit à la pénitence, à l'esprit de sacrifice : car sans compter la dépense et la fatigue, n'y a-t-il pas ici le respect humain à braver, les outrages à souffrir pour le nom de Jésus-Christ? Et la France, rappelant l'exemple de Ninive pénitente, pourrait encore être sauvée comme cette ville coupable. C'est, en second lieu, le nombre : car si le Sauveur a promis de se trouver présent quand deux ou trois se réunissent en son nom, il ne le serait pas quand l'élite de la nation, prosternée aux pieds de la Vierge tutélaire, vient faire une sainte violence au ciel et fléchir la justice divine! C'est avec raison que, dit la *Semaine religieuse* de Meaux « ces manifestations éclatantes de la religion de tout un peuple, ces hommages publics rendus à Dieu, à Jésus-Christ, à sa mère par la France, doivent abréger le jour de l'iniquité et vaincre la puissance de l'enfer. »

Les pèlerinages ne sont pas la religion. Non, mais ils en sont la profession éclatante et courageuse, de plus, ils sont entièrement selon l'esprit de la religion ; aussi viennent-ils de recevoir une sanction bien précieuse dans la bénédiction du vénéré Pie IX, qui, lui aussi, a voué son pèlerinage au jour du triomphe de l'Église.

Bien plus, les pèlerinages ne sont pas une nouveauté dans l'Église, ils sont même plus anciens que le christianisme. Certainement, c'étaient des pèlerinages que ces voyages de la nation juive se rendant à Jérusalem, aux jours de fête, d'abord de la Palestine, puis de toutes les régions où elle fut dispersée. Et c'est Dieu qui l'avait commandé. Ce que les enfants d'Israël regrettaient à Babylone, ce qu'ils regrettent encore de nos jours, c'est le pèlerinage à la cité sainte ; ils espèrent même le recommencer en des jours plus heureux.

Je ne surprendrai pas les fidèles si je dis que le premier des pèlerins chrétiens, c'est Jésus-Christ lui-même, et il n'attendit pas longtemps. C'est à l'âge de douze ans qu'il commença ces pieux voyages au Temple pour les continuer chaque année jusqu'à sa dernière pâque ; où, avec Jésus-Christ, nous voyons aussi dans l'Évangile Marie et Joseph entreprendre chaque année le même voyage. Une pieuse légende nous dit aussi qu'après l'Ascension, Marie aimait à se rendre, pour y prier, aux lieux si chers à son cœur de mère par les souvenirs de son fils ; du Mont-Thabor au mont des Oliviers et au Calvaire. Vrai, ou seulement vraisemblable, ce récit montre au moins ce que pensaient des pèlerinages les chrétiens des temps apostoliques.

Après de tels exemples, ne soyons plus surpris de l'empressement des fidèles aux tombeaux des martyrs et des saints ; des pèlerinages en Terre-Sainte où saint saint Jérôme accueillit les plus illustres personnages après le désastre de Rome ; et n'y voit-on pas accourir, depuis des siècles, les chrétiens de toutes les communions ? voilà bien des siècles également que les pèlerins vont à Rome prier sur la confession de saint Pierre et vénérer les précieux souvenirs de la Passion, et nous savons que ce concours des fidèles fut l'origine des jubilés. Que dirai-je des croisades qui ne furent que des pèlerinages armés quand l'Europe entière, émue aux récits de Pierre l'Hermite, se leva comme un seul homme à la voix d'Urbain II pour venger les pèlerins de Jérusalem, que persécutait le fanatique Achmet ? Les pèlerinages enfin sont une œuvre sainte ; Dieu les a souvent autorisés par d'éclatants miracles, si nous en croyons saint Augustin.

Déjà on avait vu la population de Paris se mettre en route pour des pèlerinages à la suite d'un des plus éminents curés de la capitale, aujourd'hui évêque de Limoges, et la presse gardait le silence. Pourquoi réserve-

t-elle ses diatribes aux pèlerinages de notre temps ?
Elle est d'autant plus mal inspirée qu'elle choisit le
moment où l'œuvre revêt un caractère nouveau, qui
doit la rendre plus chère aux cœurs Français : c'est une
œuvre patriotique. Vous êtes libres de ne pas croire à
la prière, Messieurs. Mais nous y croyons, nous, enfants
de l'Eglise ; et nous allons aux Sanctuaires prier pour
la France. Ne craignez pas, ce mouvement national ne
fera pas couler d'autres larmes que celle de la piété :
un élan irrésistible entraîne des Français aux autels de
Marie pour lui rendre son royaume que l'impiété voudrait lui ravir et la prier de le sauver, de toujours le
protéger. Nous la prions aussi d'ouvrir les yeux à tant
de Français dont l'aveuglement excite notre commisé-
ration, nous la prions d'arrêter le cours des folies qui
provoquent les malheurs, et ce torrent de blasphèmes
que suit le châtiment. Nous demandons enfin que la
nation se régénère pour se relever de son humiliation.
Non, il n'aura pas le cœur Français celui que ne re-
muerait pas ce spectacle de tant de fidèles levant les
mains au ciel pour dire à Dieu sous les auspices de
Marie : Sauvez, grand Dieu, sauvez la France ! Et que
penser alors de qui n'a que blâme et malédiction pour
ce mouvement sublime et patriotique ?

Mais on va prier pour le Pape. Oui, et c'est une des
intentions de cette œuvre. Et pourquoi le catholique
ne prierait-il pas pour le chef de son Eglise, le vicaire
de Jésus-Christ ? Le catholique sait la place immense
que la papauté tient dans le monde, il voit dans le
Saint-Père le gardien vigilant de la foi, le défenseur
de la morale, le soutien du droit. l'appui des faibles,
le vengeur des opprimés, le protecteur des arts et des
sciences ; il sait tous les bienfaits que les Papes ont
répandus dans le monde, quoiqu'en ait dit l'histoire qui
depuis tant d'années ne s'écrit plus qu'en haine de

l'Eglise. Et il ne prierait pas pour le Pontife qui porte le poids d'une mission si haute ?

La papauté tient le premier rang dans le cœur du fidèle, car le Pape est un père digne de tous ses hommages, digne aussi de son amour. Or, les joies du Père sont la consolation des enfants, et ses douleurs font la tristesse de la famille. Qui peut la connaître et n'en pas ressentir le contre-coup ? Et il est une presse qui les nie ou en plaisante. Oh ! triples aveugles qui ne veulent pas voir, dont rien ne peut dessiller les yeux. Le catholique ressent en son cœur les outrages dont on abreuve le Saint-Père, il sait les complots des méchants, il en voit les actes, et ces actes sont l'injure jusqu'à l'obscénité, la calomnie, la spoliation ; il est évident que les prétendues garanties ne sont qu'un odieux mensonge, que le Saint-Père est menacé dans sa vie, ou qu'on le fera mourir d'une mort lente : il l'a dit naguère les yeux tout inondés de larmes : *Oh! ils me tueront.* Et le catholique ne demanderait pas que cela finisse au plus tôt !

L'impie le trouve mauvais; aurait-il peur de nos prières, et en connaîtrait donc la puissance ? Non, je le répète, il ne craint pas, mais il se sent frappé au cœur si la papauté triomphe ; le triomphe en effet, c'est la victoire de l'Eglise et la ruine des plans formés pour la détruire ; et quand nous prions pour le Saint-Père, l'impie nous dirait volontiers, comme autrefois Denys le Jeune au prêtre qui demandait la fin de la tyrannie :

« Quand cesseras-tu de me maudire ? »

Eh bien, disons-le aux méchants, le chrétien ne maudit personne; s'il prie, c'est pour obtenir la fin des persécutions et la conversion des persécuteurs. Non, nous ne voulons pas la mort de l'impie et Dieu lui-même ne la veut pas; il ne punit qu'à regret quand l'iniquité est consommée, la mesure des crimes comblée, et que le pécheur est tombé dans cet abîme où l'on se rit des avertissements et des grâces. Oh, alors, chrétiens, laissons passer la justice de Dieu.

Ce que nous demandons, c'est que Dieu relève ce trône que le magnanime Pontife a si héroïquement défendu, que la violence a renversé, et dont l'impie voudrait jeter les débris aux quatre vents. C'est la fin des maux qui affligent la grande famille des chrétiens et leur Père ; c'est aussi que l'Italie repentante tombe, s'il est possible, aux pieds de cette chaire d'où partaient pour elle tant de bénédictions et ne stupéfie plus le monde par le prodige de son ingratitude envers l'Eglise et même envers la France.

Je ne viens point ici renouveler la question romaine, elle est épuisée, ce me semble, sur le terrain de la discussion, et attend des faits une solution providentielle ; des indices me font espérer que cette solution, la victoire de l'Eglise sur l'impiété, doit être prochaine ; Il y aura encore de mauvais jours, peut-être une conflagration générale, que sais-je ? et peut-être comme le croient quelques-uns, touchons-nous aux jours de l'Antechrist. Ceci demande une explication.

En face de cette apostasie presque universelle, de cette pleine insurrection des rois et des peuples contre le Seigneur, son Christ et son vicaire, quand le démon semble déchaîner ses fureurs sur la terre comme prévoyant que son temps est compté, on se demande s'ils peuvent être plus mauvais, ces jours de combats suprêmes prédits pour les derniers temps. Cependant s'il n'y a que trop d'Antechrist sur la terre, on le voit à leurs œuvres, il n'est pas encore venu celui qui sera par-dessus tous les autres le ministre et le prophète de Satan, il n'a pas encore paru cet homme de péché dont le règne doit être si tyrannique, si épouvantable que nulle chair ne serait sauvée si le Seigneur n'avait promis de l'abréger ; et il le fera en faveur des élus.

Nous ne savons rien de l'époque précise de ces grands

événements, le Sauveur refusa de nous l'apprendre et nous avertit que le royaume de Dieu ne vient pas selon nos observations. Tout en respectant le sentiment de ceux qui en admettent la proximité, il est évident que rien n'est certain à cet égard; et qui serait assez téméraire pour soulever le voile de l'avenir? qui oserait, à moins d'une révélation expresse, nous dire les conseils secrets du Seigneur? Une seule chose est certaine le triomphe de l'Eglise. Donc, si les jours de l'Antéchrist sont éloignés nous attendons une victoire éclatante qui sera l'ève de la préparation aux derniers combats; si, au contraire, ces jours sont prochains, la victoire les suivra et celle-ci sera définitive. De toutes manières, la victoire est certaine, nous l'espérons et le Saint-Père en a aussi l'espérance. Ce n'est pas sans raison que la Providence l'à fait passer par toutes les alternatives de gloire et d'humiliations pour en faire le Pontife éprouvé, prêt à toutes les luttes. Dieu le conserve contre toute analogie, contre toute espérance, en dépit du mauvais vouloir qui nous prépare un schisme; Pie IX dépassant les années de tous ses prédécesseurs et même les années de Saint-Pierre; il y a là un secret dessein de la Providence que le temps se chargera de nous dévoiler.

Qui pourrait l'ignorer, prier pour Pie IX, n'est-ce pas encore prier pour la France? Quand M. le Président de la République exprime ses sympathies personnelles pour la cause pontificale, j'ai tout lieu de le croire sincère, mais l'homme d'Etat n'avoue-t-il pas en gémissant que la France n'est pas assez puissante pour relever ce trône? Ce *non possumus* de la République modérée, ah! il est une de nos humiliations; eh bien, nous demandons que relevée de son abaissement, la France redevienne assez forte pour mettre, comme autrefois Brennus sur les cendres de la Rome païenne, sa redoutable épée dans la balance où se pèsent les destinées des peuples.

C'est la prière d'un cœur Français et chrétien : la force de la France prépare la victoire de la papauté.

Deux nations en Europe, une à l'orient, l'autre à l'occident avaient une mission providentielle; elles y ont été infidèles et en ont reçu le châtiment. Dieu saura bien sans nous accomplir son œuvre ; mais l'une et l'autre nation ne se relèvera pas sans recourir à Dieu et rentrer dans la carrière qu'il leur assignait. La Pologne était le boulevard de l'Europe contre l'islanisme ; quand elle l'eût terrassé sous les murs de Vienne, elle crut sa tâche finie et laissa grandir le czarisme qu'elle devait contenir ; elle avait posé son épée pour se déchirer de ses propres mains ; dès lors son histoire n'est plus que celle d'une agonie qui se termina, non sans gloire et sans héroïsme. La France était, de son côté, le soldat de l'Eglise et le protecteur né du Saint-Siége ; hélas ! elle s'est retournée contre cette chaire qu'elle devait défendre. Le châtiment a suivi de près le péché. Dieu l'a livrée à l'esprit d'erreur, à cet esprit de vertige qui présage la chute des peuples, non moins que celle des rois.

Ces deux nations seront-elles rejetées à jamais, puisque le peuple déicide ne doit pas l'être, et reviendra de son long aveuglement ? Ah ! nous avons beaucoup à craindre ! Déjà la lumière de l'Evangile paraît se transporter pour éclairer d'autres contrées et nous laisser dans nos ténèbres. Oh ! reprenons au plus tôt la mission qui fit la gloire et la force de la France dans les sentiers de la vérité; alors des jours prospères pourront encore luire sur notre patrie.

Voila pourquoi j'applaudis aux pèlerinages, pourquoi j'ai osé en écrire l'apologie, en faire ressortir l'esprit et la haute portée. Tant de prières unies, multipliées, doivent monter au trône de Dieu et lui arracher des mains les foudres qui nous menacent. Puissent nos ardentes supplications avancer le jour où les Français,

redevenus des frères, mettront fin à leurs funestes divi-
sions, et placeront la patrie au-dessus des intérêts,
des préjugés de parti; où alors la France n'hésiterait
pas à tomber avec reconnaissance aux pieds de la
vierge qui nous protége ; alors, du Rhin, oui, du Rhin à
l'Océan, des Alpes aux Pyrénées, dans les villes et les
campagnes, sur les monts et dans les vallées, on enten-
drait retentir un hymne d'amour à Marie, comme reten-
tiront à Lourdes ces paroles admirables dans leur sim-
plicité, dictées par la foi et le sentiment de nos maux :

> Dieu de clémence,
> Dieu protecteur,
> Sauvez, sauvez la France,
> Par votre Sacré Cœur.

CONCLUSION.

J'ai prié Marie de m'inspirer pour sa gloire et pour
celle de son divin fils des paroles franches et vraies
qui aillent au cœur du chrétien, au cœur même de
l'incrédule : si mon humble prière n'a pas été rejetée,
Dieu en soit mille fois loué, je pourrai dire en terminant
comme j'ai commencé :

GLOIRE A MARIE
Protectrice de la France.

ROUX, *curé d'Esbly.*